Understanding everyday
SETSWANA

A vocabulary and reference book
Tlotlofoko le kumako buka

Compiled by Pam Wilken
Translated by R. Malimabe

Maskew Miller Longman (Pty) Ltd
Forest Drive, Pinelands, Cape Town

Offices in Johannesburg, Durban, King William's Town, Polokwane, Bloemfontein, representatives in Mafikeng and Nelspruit and companies throughout southern and central Africa.

website: www.mml.co.za

© Maskew Miller Longman (Pty) Ltd 1994

All rights reserved. No part of this publication may be reproduced, stored in a retrieval system, or transmitted in any form or by any means, electronic, mechanical, photocopying, recording, or otherwise, without the prior written permission of the copyright holder.

First published 1994
Third impression 2005

ISBN 0 636 01871 7

Cover design by Nina Jawitz
Illustrations by John Blakey-Milner

Set in 10.5 on 13 pt Rockwell
Typeset by Daphne Visser
Imagesetting by Castle Graphics
Reproduction by Den Graphics
Printed by CTP Book Printers, Cape

RK5308/25801

Contents/Diteng

Preface/Ketapele v

Pronunciation/Kapodiso vi

Topics/Ditlhogo 1

    Forms of greeting/Mekgwa ya go dumedisa 3

    Time and numbers/Nako le dinomoro 5

    All year round/Ngwaga otlhe 8

    Climate and direction/Tlelaemete le ntlha 11

    Colours/ Mebala 14

    The body/Mmele 15

    The family/Ba lolapa/Ba lelapa 18

    The house/Ntlo 20

    Do-it-yourself/Itirele 25

    Emergency situations/ Maemo a tshoganyetso 28

    The greengrocer/Ramerogo 32

    Animals,insects/Diphologolo, ditshenekegi 34

    Shopping, money/Go reka, madi/tšhelete 38

    Food and drinks/Dijo le dino 41

    Clothing/Diaparo 45

    Place names/Maina a mafelo 48

    Transport/Dinamelwa/Thwalo 52

    Driving/ Kgweetsa 54

    Sport, games, entertainment/Metshameko, boithabiso,

        boitumediso 57

Music/Mmino 61
School/Sekolo 63
Professions, careers/Boithuto, boiphediso 67
The office/Kantoro/Ofisi 71
Government/Mmuso 74
Judicial system/Thulaganyo ya molao 76
Church, Bible/ Kereke, Beibele 79
Hospital/Sepetlele/Bookelo 84
Funeral/Phitlho 87

Useful verbs/Madiri a a mosola 89

Everyday expressions/Puo ya ka metlha 91

Preface

We are reminded daily that one of the world's greatest problems is communication: if we really wish to speak to non-English speaking people we need to know at least something of their language too.

Even a few words or phrases can break the ice in any communication process. This book does not pretend to be a conclusive list but it presents a variety of words and expressions which can be of great assistance to the user in most situations.

This book can play a dual role: not only will it be an essential pocket companion for the English-speaking person who wishes to communicate with Setswana speakers but it will be a very useful guide for Setswana speakers who wish to use correct English. An attractive feature of the book is the use of cartoons and illustrations to reinforce the linguistic input.

Ketapele

Re gakololwa letsatsi ka letsatsi gore bothata jo bogolo mo lefatsheng ke go se itse go buisana. Fa tota re rata go bua le batho ba ba sa itseng Seesimane re tshwanetse go itse sengwenyana ka puo ya bona.

Le fa e ka nna mafokonyana a se makae, kana dipolelwana di se kae, di ka dira gore go nne le kamogelano mo go buisaneng ga rona. Bukana e, ga e na lenane le le feletseng la mafoko le dipolelwana, fela e supetsa kana e go ruta mafoko le dipolelwana tse di ka go thusang thata fa o rakane le batho ba ba sa bueng Seesimane.

Bukana e, e ka dirisiwa sebedi: ga se fela bukana ya ka fa kgetsaneng ya batho ba ba buang Seesimane mme ba rata go buisana le Batswana, fela e ka thusa Batswana ba ba ratang go bua Seesimane se se nepagetseng. Selo se se ngokang babuise ke ditshwantsho tse di dirisitsweng go gatelela kitso ya puo.

Pronunciation/Kapodiso

A simple guide:

There are seven basic vowels in Setswana.

i	d**i**ra (work)	as in **ea**t
e	l**e**ma (plough)	as in l**ea**d
ê	r**ê**ka (buy)	as in b**a**t
a	rut**a** (teach)	as in c**u**p
o	l**o**ra (dream)	as in l**o**ng
ô	th**ô**mo (to be sent)	as in t**wo**
u	d**u**la (sit)	as in p**oo**l

Higher variants of ô, ê, o and e, occur in specific phonological circumstances influenced by the high i that follows ô, ê, o and e.

ô	l**o**ile (bewitch)	as in l**oi**n
ê	r**e**kile (bought)	as in b**e**t
o	l**o**mile (bit)	as in l**oo**
e	l**e**mile (ploughed)	as in lil**y**

There are twenty-eight consonants and they are pronounced as follows:

b	**B**antsho (Blacks)	as in **b**all
d	ma**d**i (blood)	as in **d**id
f	bo**f**a (tie-verb)	as in **f**ile
g	ma**g**a**g**a (caves)	as in Afrikaans **g**aap (see kg)
h	mo**h**umi (rich person)	as in **h**am
j	se**j**anaga (car)	as in **j**ob
k	**k**oloi (vehicle)	as in **k**udu
kg	(**kzh**) **Kg**omo (cow) no equivalent in English but it sounds like someone gurgling
kh	**kh**udu (tortoise)	as in **c**ool/**kh**a**kh**i

l	mo**l**a**l**a (neck)	as in **l**ie
m	se**m**u**m**u (dumb)	as in **m**eal
n	**n**aledi (star)	as in **n**eck
ng	**ng**ata (bunch)	as in lo**ng**er
ny	no**ny**ane (bird)	as in **ny**ew
p	**p**itse (horse)	as in s**p**eak
ph	**ph**olo (ox)	as in **p**ill
r	mo**r**a**r**a (grape)	as in **r**ock
s	mo**s**e**s**e (dress)	as in mo**ss**
š	se**š**abo (relish)	as in **sh**all
t	**t**ala (raw/green)	as in **T**ahiti
th	**th**ipa (knife)	as in **t**ame
tl	**tl**ou (elephant)	as in bot**tl**e
tlh	**Tlh**abane (Rustenburg)	as in **cl**ass
ts	**ts**amaya (go/leave)	as in **ts**e**ts**e fly
tsh	**tsh**ila (dirt)	as in **ch**ip
tšh	**tšh**aka (sword)	as in tea**ch**er
w	mo**w**a (air)	as in **w**ant
y	**Y**unibesithi (University)	as in **y**es

Topics

Ditlhogo

Forms of greeting/ Mekgwa ya go dumedisa

Hello (to greet one person).	Dumela.
Hello (to greet a group).	Dumelang.
Hello, father.	Dumela, rra.
Hello, mother.	Dumela, mma.
Hello, boy.	Dumela, mosimane.
Hello, boys.	Dumelang, basimane.
Hello, girl/young lady.	Dumela, mosetsana/lekgarebe.
Hello, girls/young ladies.	Dumelang basetsana/makgarebe.
Hello, Sir (respected person).	Dumela, rra/motlotlegi.
Hello, Madam.	Dumela, mma.
Hello, young man.	Dumela, lekau.
Hello, Miss.	Dumela, mohumagatsana.
Hello, children.	Dumelang, bana.
Hello, men.	Dumelang, banna.
Hello, captain/chief.	Dumela, kapotene/molaodi/kgosi.
Hello, captains/chiefs.	Dumelang, dikapotene/balaodi/dikgosi.
Good morning (to greet one person).	Dumela!
Good morning (to greet a group).	Dumelang!
Good afternoon (to greet one person).	Dumela!
Good afternoon (to greet a group).	Dumelang!
Good evening (to greet one person).	Dumela!
Good evening (to greet a group).	Dumelang!
Good night (to one person).	O robale sentle.
Good night (to a group).	Lo robaleng sentle.
Good-bye (to one person).	Sala sentle.
Good-bye (to a group).	Salang sentle.

* Where two or more Setswana words are listed next to an English word, they have an identical meaning, and either word can be used.

Go well (to one person).   Tsamaya sentle.
Go well (to a group).   Lo tsamayeng sentle.
Keep well (to one person).   O tlhole sentle.
Keep well (to a group).   Lo tlholeng sentle.

Usage/Tiriso

How are you?   O kae?
How are you all?   Lo kae?
Well, thanks. And you?   Ke teng, wena o kae?
I am well too, thank you.   Le nna ke teng, ke a leboga.
Thank you.   Ke a leboga.
How are you today?   O tlhotse jang gompieno?
Fine, thank you. And you?   Ke tlhotse sentle. Wena o tlhotse jang?

Are you still well?   A o sa ntse o tshela sentle?
I am still well, thank you.   Ee, ke sa tshela sentle.
Who are you?   Ke wena mang?
I am John.   Ke nna John.
What is your name?   Leina la gago ke mang?
My name is John.   Leina la me ke John.
What is your surname?   Sefane sa gago ke mang?
My surname is Ntsime.   Sefane sa me ke Ntsime.
Where do you live?   O nna kae?
I live in Mafikeng.   Ke nna kwa Mafikeng.
What is your address?   Aterese ya gago ke efe?
Where do you come from?   O tswa kwa kae?
Shake hands.   Tshwaranang ka matsogo/ Dumedisanang ka matsogo.

Time and numbers/ Nako le dinomoro

Numbers/Dinomoro

one	nngwe
two	pedi
three	tharo
four	nne
five	tlhano
six	thataro
seven	supa
eight	robedi
nine	robongwe
ten	lesome
eleven	lesomenngwe
twelve	lesomepedi
thirteen	lesometharo
fourteen	lesomenne
fifteen	lesometlhano
sixteen	lesomethataro
seventeen	lesomesupa
eighteen	lesomerobedi
nineteen	lesomerobongwe
twenty	masomamabedi
twenty-one	masomamabedinngwe
twenty-two	masomamabedipedi
twenty-three	masomamabeditharo
twenty-four	masomamabedinne
twenty-five	masomamabeditlhano
twenty-six	masomamabedithataro
twenty-seven	masomamabedisupa
twenty-eight	masomamabedirobedi
twenty-nine	masomamabedirobongwe
thirty	masomamararo

forty	masomamane
fifty	masomamatlhano
sixty	masomamarataro
seventy	masomasupa
eighty	masomarobedi
ninety	masomarobongwe
one hundred	lekgolo
one thousand	sekete
one million	mileone
dozen	tosene

Time of day/Nako

in the morning	mo mosong
at noon	motshegare o mogolo
in the afternoon	mathapama/tshokologo
in the evening	bosigo/maitseboa
at night	bosigo
at midnight	bosigogare
daybreak	pudusetso ya letsatsi
daylight	lesedi la motshegare
sunset	phirimo ya letsatsi
sunrise	tlhabo ya letsatsi
during the day	motshegare
second	motsotswana
minute	motsotso
hour	iri/ura
one o'clock	ura ya bongwe
half-past two	metsotso e e masomamararo morago ga ura ya bobedi
watch (timepiece)	tshupanako/orolosi/watšhe

Usage/Tiriso

What day is it?	Ke la bokae?
Today is Monday.	Gompieno ke Mosupologo
March the fifth.	Mopitlwe a tlhola malatsi a le matlhano/5 Mopitlwe
What is the time?	Ke nako mang?
Wait a minute.	Ema go le gonnye.
I must go now.	Ke tshwanetse go tsamaya jaanong.
sooner or later	go ise go ye kae
in the meantime	go sa ntse go le jalo
the other day	letsatsi le lengwe
the last day	letsatsi la bofelo
What month is it?	Ke kgwedi efe?
(*See:* All year round)	(*Bona:* Ngwaga otlhe)

All year round/Ngwaga otlhe

Seasons/Ditlha tsa ngwaga

autumn	letlhafula
winter	mariga
spring	dikgakologo
summer	selemo

Months of the year/Dikgwedi tsa ngwaga

January	Janawari/Ferikgong
February	Feberewari/Tlhakole
March	Matšhe/Mopitlwe
April	Aporele/Moranang
May	Mei/Motsheganong
June	June/Seetebosigo
July	Julae/Phukwi
August	Agosete/Phatwe
September	Setemere/Lwetse
October	Okotobore/Diphalane
November	Nofemere/Ngwanatsela
December	Sedimonthole/Disemere/Morule

Days of the week/Malatsi a beke

Monday	Mmantaga/Mosupologo
Tuesday	Labobedi
Wednesday	Laboraro
Thursday	Labone
Friday	Labotlhano
Saturday	Matlhatso/Sateretaga
Sunday	Latshipi/Sontaga

Miscellaneous/Tsele le tsele

a day	letsatsi
days	malatsi
a week	beke/tshipi
weeks	dibeke/ditshipi
week-end	mafelo a beke
a month	kgwedi
months	dikgwedi
a year	ngwaga
years	dingwaga/mengwaga
today	gompieno
yesterday	maabane
the day before yesterday	letsatsi pele ga le le fetileng
tomorrow	ka moso
the day after tomorrow	letsatsi morago ga le le tlang
old year's day	letsatsi la ngwaga o o fetileng
new year's day	ngwaga o mošwa
last year	ngwaga o o fetileng
this year	monongwaga
next year	ngwaga o o tlang
leap year	ngwagamoleele
birthday	botsalo
the date	letlha
calendar	alemanaka/kalentara

(*See:* Time and numbers) (*Bona:* Nako le dinomoro)

Public holidays/ Malatsi a boikhutso a setšhaba

Ascension Day	Letsatsi la Tlhatlogo
Christmas Day	Letsatsi la Keresemose/Letsatsi la matsalo a Morena
Day of the Vow	Letsatsi la Maikano
Family Day	Letsatsi la Balelapa
Founders Day	Letsatsi la Bathei
Good Friday	Letsatsi la Paseka
Kruger Day	Letsatsi la Kruger
New Years Day	Ngwaga o mošwa
Republic Day	Letsatsi la Repaboliki
Workers Day	Letsatsi la Badiri
Day of Goodwill	Letsatsi la Thomothekiso

Birth signs/Matshwao a matsalo

22 Dec –	20 Jan	Capricorn	Kheporikhono
21 Jan –	19 Feb	Aquarius	Akhwariase
20 Feb –	20 Mar	Pisces	Phisekese
21 Mar –	20 Apr	Aries	Arise
21 Apr –	21 May	Taurus	Thorase
22 May –	21 Jun	Gemini	Jeminae
22 Jun –	23 Jul	Cancer	Khensa
24 Jul –	23 Aug	Leo	Leo
24 Aug –	23 Sep	Virgo	Beko
24 Sep –	23 Oct	Libra	Libora
24 Oct –	22 Nov	Scorpio	Sekopiyone
23 Nov –	21 Dec	Sagittarius	Sakithariase

Usage/Tiriso

the days of the week
the months of the year
On which day were you born?
I was born on Sunday, 10 May.

malatsi a beke
dikgwedi tsa ngwaga
O belegilwe letsatsi lefe?
Ke belegilwe ka Latshipi ka letsatsi la lesome, kgwedi ya Motsheganong.

When is your birthday?
In which month were you born?
I was born in February.

Letsatsi la gago la matsalo le leng?
O belegilwe ka kgwedi efe?
Ke belegilwe ka kgwedi ya Tlhakole.

In which year were you born?
I was born in 1941.
How old are you?
I am ten years old.

O belegilwe ka ngwaga ofe?
Ke belegilwe ka ngwaga wa 1941.
O na le mengwaga e mekae?
Ke na le dingwaga di le lesome.

Climate and direction/ Tlelaemete le ntlha

Weather conditions/Maemo a bosa

a storm	sefefo
breeze	pheswana
clear sky	loapi lo lo apogileng
cloud	leru
dense fog	mouwane
dew	monyo/phoka
drizzle (n)	mosarasarane/mokomakomane
drought	komelelo/lešekere
flood (n)	merwalela
fog	mouwane
frost	segagane/serame
hail	sefako
heavy rain	dipula tsa matlakadibe
hurricane	dintelo
lightning	legadima
mist	mouwane
overcast	maru
rain	pula
raindrop	lerothodi
sky	loapi
snow	semathane
thunder (n)	modumo wa tladi
thunderstorm	matlakadibe
torrential rain	pula ya matlopetlope/letsurutla
windy	go mowa

Points of the compass/ Dintlha tsa tshupantlha/kompase

north	bokone
north-east	bokone botlhaba
north-west	bokone bophirima
south	borwa
south-east	borwabotlhaba
south-west	borwabophirima
east	botlhabatsatsi
west	bophirimatsatsi

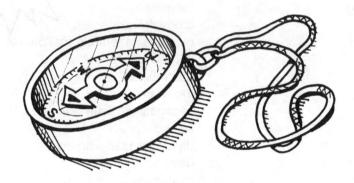

Miscellaneous/Tsele le tsele

drought-stricken area	naga ya lešekere
dust	lerole
gale warning	polelopele ya ledimo
moon	ngwedi
moonlight	lesedi la ngwedi
rainbow	motshewabadimo/molagodimo
rainfall	pula
star	naledi
sun	letsatsi
sunlight	lesedi la letsatsi
weather bureau	biro ya bosa
weather forecast	ponelelopele ya bosa

Usage/Tiriso

How is the weather today?	Bosa bo jang gompieno?
It is fine and warm.	Go siame mme go bothitho.
The sun is hot.	Letsatsi le a fisa.
The sun has set.	Letsatsi le diketse.
It is very cold.	Go maruru thata.
The weather is cloudy.	Go maru.
It is thundering.	Go a duma.
There is lightning.	Go magadima.
The wind is blowing.	Phefo e a foka.
It is raining.	Pula e a na.
There is hail.	Go sefako.
There is snow.	Go semathane.
The snow thaws.	Semathane se a tologa.
The sky is clearing.	Loapi lo a apoga.
There is a drought this year.	Go komelelo monongwaga.
Listen to the weather report.	Reetsa pego ya bosa.
After rain comes sunshine.	Morago ga pula go tla phatsimo ya letsatsi.

Colours/Mebala

black	ntsho
blonde	mosadi wa moriri o mosweu
blue	tala/botala jwa legodimo
brown	rokwa/phifadu
green	tala/botala jwa tlhaga
grey	kwebu
maroon	bohibidu jo bo mokgona
orange	bonamune
pink	pinki
purple	perese
red	hibidu
white	bosweu
yellow	setlha

Usage/Tiriso

bright colour	mmala o o phatsimang
dark colour	mmala o mofitshwa
dull colour	mmala o o letobo
plain colour	mmalaosi
red bus	bese e khibidu
white face	sefatlhego se se sweu
white shirt	hempe e tshweu
The sky is blue.	Loapi lo lotala.
the colours of the rainbow	mebala ya molalatladi

The body/Mmele

Head/Tlhogo

beard	ditedu
cheek	lerama/lesama
chin	seledu
ear	tsebe
eye	leitlho
eyes	matlho
eyebrow	losi
eyelash	ntshi
eyelid	losi
face	sefatlhego
forehead	phatla
gums (of teeth)	marinini
hair	moriri
lip	pounama
moustache	tedu
mouth	molomo
neck	molala
nose	nko
tear	keledi
teeth	meno
throat	mometso
tongue	loleme
tooth	leino

Torso/Karolo e e kwa godimo ya mmele

back	marudi/mokwatla
breast	sehuba
buttock	lerago
chest	kgara/sehuba
shoulder	legetla
stomach	mogodu/mpa
waist	letheka

Internal organs/Dirwe tsa ka fa teng

bladder	setlha
heart	pelo
intestines	mala
kidney	philo
liver	sebete
lung	lekgwafo

Arm/Letsogo

armpit	legwafa
elbow	sejabana/sekgono

Hand/Seatla

finger	monwana
finger nail	lonala
fist	letswele/lebole
knuckle	noko
little finger	monnyennye/potsana
middle finger	monogare/thabadiamela
palm	legofi
thumb	kgonojwe
wrist	letlhalela

Leg/Leoto

calf	letlhafu
hip	noka
knee	lengole
shin	mosetlase

Foot/Lonao

ankle	lengenana
big toe	kgonotswe
heel	serethe/mokobe
toe	monwana
toes	menwana

Miscellaneous/Tsele le tsele

artery	seisamadi
blood	madi
bone	lerapo
brain	boko
muscle	mosifa
rib	legopo
skin	letlalo

Usage/Tiriso

big nose	nko e kgolo
blue eyes	matlho a matala
clean nails	manala a a phepa
dry lips	melomo e e omeletseng
long nails	manala a matelele
sore throat	mometso o o botlhoko
ten fingers	menwana e e lesome
David has a moustache.	Dawid/Tafita o na le tedu.
John hurt his knee.	John/Johane o ikgobaditse lengole.

(*See:* Hospital)   (*Bona:* Sepetlele/Bookelo)

The family/Ba lolapa/Ba lelapa

aunt	rakgadi
baby	lesea
bachelor	kgope
boy/youngster	mosimane
boys/youngsters	basimane
brother	morwaarra/lekaulengwe
brothers	barwaarra/bakaulengwe
child	ngwana
children	bana
cousin	ntsala
daughter	morwadi
daughter-in-law	ngwetsi
father	rre
father-in-law	ratsale
friend	tsala
friends	ditsala
girl	mosetsana
girls	basetsana
grandchild	ngwanaangwanaka
grandfather	ntatemogolo/rremogolo
grandmother	mmemogolo/nkoko
husband	monna yo o nyetseng
lady	mme
man	monna
married woman	mosadi yo o nyetsweng
mother	mme
mother-in-law	matsale
nursing sister	mooki
old man	monnamogolo
old woman	mosadimogolo
parent	motsadi
son (own child)	morwa

son-in-law	mogwe
sons (own children)	barwa
spinster	lefetwa
stepfather	rre-ka-nyalo
stepmother	mme-ka-nyalo
stepchild	ngwana-ka-nyalo/letlaleanya
teenager	molesome
uncle	malome
widow	motlholagadi
widower	moswagadi
wife	mosadi
young man	lekau

Usage/Tiriso

a family of four	lolapa lwa batho ba le bane
an orphan	khutsana
birth control	taolopelegi
brother and sister	motho le kgaitsedi
both parents	batsadi botlhe
eldest child	leitibolo
happy baby	ngwana yo o itumetseng
housewife	mmalapa
identical twins	mawelana a a tshwanang
naughty child	ngwana yo o sa reetseng/ thuntsebe
neighbour	moagisani
older brother	mogolole
elder sister	nkgonne
I am a scholar.	Ke moithuti.
youngest child	gofejane

The House/Ntlo

Areas of the house/Dikarolo tsa ntlo

bathroom	botlhapelo
bedroom	borobalo
dining-room	bojelo
kitchen	khitšhi/boapeelo
lounge	lontšhe/kamora ya boitapoloso
pantry	polokelo ya dijo
study	ithuto/boithuto
toilet	ntlwana/tlelosete
verandah	mathudi/mokatako

Furniture and fittings/ Fenetšhara le ditekanyetso

bed	bolao
built-in cupboard	lekase
burglar bars	dithibelabogodu
carpet	khapete
chair	setulo/setilo
cupboard	kobotlo/khaboto
curtain	garetene
cushion (pillow)	mosamo
dressing table	tafole ya boaparelo
door	setswalo/lebati
lamp	lebone
mirror	seipone
sofa	banka
table	tafole/lebati la bojelo
tap	thepe/pompo
wardrobe	lekase la diaparo

Appliances/Didiriswa

deep-freeze	segatsetsi/setsidifatsi
dishwasher	setlhatswadijana
feather duster	setšhwimodi sa diphofa
fridge	setsidifatsi
iron	tshidilo/aene
kettle	ketlele
microwave oven	onto ya dimaekerowaefe
oven	onto/bobesetso
polisher	sephatshimisi
primus-stove	poraemasetofo
refrigerator	setsidifatsi
stove	setofo
television	thelebišene
vacuum cleaner	segogalorole
washing machine	setlhatswadiaparo

Kitchenware/ Didiriswa tsa ka fa boapeelong

basket	seroto
bottle	botlole
bowl	sejana/mogopo
broom	lefeelo
bucket	kgamelo
crockery	dijana/kherokhari
cup	kopi
cutlery	dintsho/mathipa
dish	sejana
dishcloth	fatuku
dustpan	seolatlakala
fork	foroko
glass	galase

jug	jeke
kitchen sink	setlhatswetsa dijana
knife	thipa
lid	sekhurumelo
pan	pane
plate	boroto/poleite
pot	pitsa/nkgwana
rubbish bin	motomo wa matlakala
saucer	pirinki
spoon	loso/loswana
teapot	ketlele ya tee
teaspoon	lelepolana
tin opener	sebulathini
toaster	sebesaborotho
tray	sekenkeboroto/terei

Exterior/Bokafantle

backyard	mafure
brick	setena
chimney	sentshamosi
driveway	tsela e e tsenang/mmila
fence	legora
garage	karatšhe
garden	segotlo/tone/tshingwana
gate	kgoro
gutter	mokoro
hedge	legora
roof	marulelo
swimming-pool	bothumelo
window	fensetere/letlhabaphefo

Usage/Tiriso

Buy the groceries.	Reka kerosari.
Clear a table.	Tekolola tafole.
Cook the meal.	Apaya dijo.
Make a bed.	Ala bolao.
Park the car in the garage.	Tsenya koloi ka fa karatšheng.
Please clean the furniture.	Tswee tswee, phepafatsa fenetšhara.
Please clean the stove.	Tswee tswee, phepafatsa setofo.
Please fry eggs.	Tswee tswee, gadika mae.
Please light the fire.	Tswee tswee, gotsa molelo.
Please wash the dishes.	Tswee tswee, tlhatswa dijana.
private property	thuo ya motho
Put the lid on the pot.	Tswala pitsa ka setswalo.
Put water in the basin.	Tshela metsi ka mo sekotlolong/mokgatsi.
Put your books in the study.	Baya dibuka tsa gago ka mo boithutelong.
Set the table.	Teka tafole.
Sweep the room.	Feela phaposi.
We sleep in the bedroom.	Re robala ka fa phaposiborobalong.
What are you cooking?	O a paya eng?
(*See:* Do-it-yourself)	(*Bona:* Itirele)

Dwelling-places/Meago

boarding-house	ntlo ya go bota
cabin (on ship)	phaposana
camp	kampa/mathibelelo
caravan	karabane
castle	kagophemelo
compound	kompone
farm-house	ntlo ya polase
flat	dikgotlokgotlo/difolete
hotel	hotele
hostel	hosetele
house	ntlo
hut	mokgoro/mogwaafatshe
kraal	lesaka
manse	ntlo ya boruti/moago wa boruti
monastery	ntlo ya boitlami/monaseteri
orphanage	dikhutsaneng
palace	mošate
rondavel	rantafole
tent	tente

Do-it-yourself/Itirele

Workshop/Bodirelo

awl	thoko/phunyo
chisel	tšhisele/phalo
drill	boro
glue	sekgomaretsi
hammer	noto/hamore
nail	sepekere
paint	ferefe/pente
paint brush	boraše jwa ferefe/pente
pliers	tang
sandpaper	pampirišawa
saw	saga
screw	sekurufu
screwdriver	sesokakurufu
shelf	raka
spanner	sepanere/tshoko
stepladder	llere
washer	wašara
wire	bothale/terata
wire brush	boraše ya bothale/terata
workbench	tafole ya mmetli

Colour coding for electrical wires/ Khoutu ya mebala ya bothale jwa motlakase

blue is neutral	e e botala jwa legodimo e nyoterala.
brown is live	e e borokwa/phifadu ke ya molelo
green and yellow is earth	e e botala jwa tlhaga le e e serolwana ke ya ethe

Garden/Segotlo/Tshingwana

a plant	semela
axe	magagana/selepe
bush	setlhatlha
chainsaw	sagaketane
compost	motshotelo
edge trimmer	sesega dieje/losi
flower	sethunya
furrow	foro/mosele
garden fork	foroko ya tshingwana
grass	tlhaga
hoe	mogoma/tlhagola
hosepipe	lethopo/lethompo
ladder	llere
lawn	llono/bojang
lawnmower	sesegabojang
pick (tool)	peke
pole	senana
rake	haraka
refuse-heap	matlakala
sand	mošawa/motlhaba
shed	sekiri/leobo
shovel	sekopogarawe
sickle	sekele

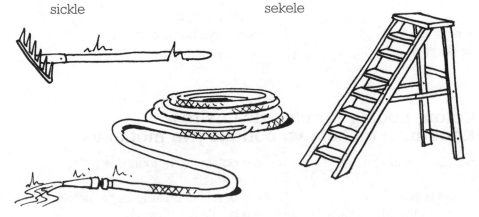

spade	garawe
stone	letlapa
tap	thepe/pompo
tree	setlhare
watercan	modutwana/gitere
weed (n)	mofero/ngwang
wheelbarrow	kiriba

Usage/Tiriso

Add compost to the soil.	Tshela motshotelo.
Close the gate.	Tswala heke/kgoro.
Close the tap.	Tswala thepe/pompo.
Dig a hole please.	Epa mosima tswee tswee.
Drill a hole.	Bora phatlha/leroba.
Level the ground.	Lekalekanetsa mmu.
Plant the trees.	Jala ditlhare.
Please mow the lawn.	Tswee tswee sega bojang/llono.
Please water the flowers.	Tswee tswee nosetsa dithunya.
Rake up the leaves.	Haraka matlhare.
Remove the leaves from the gutter.	Tlosa matlhare mo mokorong.
Repair the fence.	Baakanya terata.
Start the lawnmower.	Dumisa sesegabojang.
Trim the edge.	Sega dieje/losi.
Weed the garden.	Tlhagola tshingwana.

(*See:* The house)   (*Bona:* Ntlo)

Emergency situations/ Maemo a tshoganyetso

Bomb/Bomo

clear away	tlogang
explode	thunya
flying squad	mapodisi a tshoganyetso
sabotage	sabotasi/tlhokololo
take cover	iphitlhe

Poison/Botlhole

bite (v)	loma
drink (v)	nwa
emergency chemist	khemese ya tshoganyetso
swallow	metsa
vomit	tlhatsa

Flood/Morwalela

cloudburst	moroto wa letsatsi
drown	betwa ke metsi
keep afloat	phaphamala
shiver	roroma
swim	thuma
water	metsi

Fire/Molelo

burn (v)	swa/fisa
fire-alarm	mokgosi wa molelo
fire-engine	batimamolelo
fire extinguisher	setimamolelo
flame	kgabo
ladder	llere
smoke	mosi

spark	tlhase
suffocate	hupela

Electricity/Motlakase

disconnect	bofolola
mains switch	switšhi ya botlhokwa
plug (n)	sethibo/polaka
shock (n)	šoko/letshogo

Road accident/Kotsi ya tsela

burst tyre	thaere e e thuntseng
collision	thulano
injured	gobetse
traffic department	ba lefapha la pharakano
trapped inside	o tswaleletswe ka fa gare
(*See:* Driving)	(*Bona:* Kgweetsa)

Intruder/Motseneledi

arrest (v)	tshwara
assault (v)	teketa
burgle	thuba
fire-arm	tlhobolo
mask	mmampakisi
police-station	seteišene sa mapodisa
self-defense	iphemelo
scream (v)	kua
revolver	raborolo

Bites and stings/Go loma

bee	notshe
scorpion	phepheng
shark	šaka
snake	noga
spider	segokgo

Drugs/Diritibatsi

abuse	tirisompe/tirisobotlhaswa
alcohol	tagi/alekhoholo
dagga	motokwane
dizzy	dikologa
drowsy	otsela
heroin	diritibatsi
opium	motokwane
overdose	go feta tekanyo

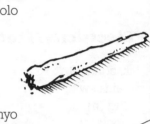

Usage/Tiriso

Act quickly.	Direla ka bonako.
Are you alright?	A o siame?
Are you hurt?	A o utlwile botlhoko?
Be alert.	Tlhokomela.
Call someone.	Bitsa mongwe.
Call the doctor.	Bitsa ngaka.
Call the neighbours.	Bitsa baagisani.
Come and help me.	E tla o nthusa.
Control the traffic.	Laola pharakano.
Cut the electricity.	Tima motlakase.
Do not move.	O se ke wa tshikinyega.
Do not panic.	O se ke wa tshoga.
Fetch water.	Ga metsi.

First aid	Thuso ya pele
Hold on tight.	Itshwarelele.
Kiss of life.	Tshuno ya botshelo/go atla ga botshelo
Look after the injured.	Tlhokomelang bagobadi.
Move to safety.	Hudusetsa kwa polokegong.
Phone the ambulance.	Letsetsa emelense mogala.
Phone the electricity department.	Letsetsa ba lefapha la motlakase mogala.
Phone the fire brigade.	Letsetsa boramelelo mogala.
Remove the plug.	Tlosa sethibo.
Stay calm.	Iketle/Ritibala.
Treat the wound.	Fapha ntho/tlhokomela ntho.
Turn it off.	E time.
Where does it hurt?	Go botlhoko fa kae?

The greengrocer/Ramerogo

Vegetables/Merogo

bean	nawa
beetroot	bete
cabbage	khabetšhe
carrot	segwete
cauliflower	kholifolawa
cucumber	komokomore/phare
lettuce	selae/letase
mushroom	lebowa/thuntshwane
onion	eie
pea	erekisi
peanuts	matonkomane
potato	tapole/lekwele
pumpkin	lephutshe
radish	radisi
sweetpotato	potata
tomato	tamati

Fruit/Leungo

apple	apole
apricot	apolekose
avocado pear	abokato
banana	panana
fig	feie
granadilla	keranadila

grapes	diterebe/morara
guava	kwaba
lemon	ratsuru/suru
mango	menku
naartjie	nariki
orange	namune
paw-paw	phoopho
peach	perekisi
pear	pere
pineapple	peinapole
plum	poreimi
watermelon	legapu

Usage/Tiriso

a bunch of grapes	diterebe
a pocket of potatoes	kgetsana ya ditapole
buy at the market	reka kwa mmarakeng
cook the pumpkin	apaya lephutshe
dried fruit	maungo a a omisitsweng
green tomatoes	ditamati tse tala/tse di sa butswang
over-ripe fruit	maungo a a butswitseng thata
peel the potatoes	obola ditapole
pick some lemons	e kga disuru
ripe fruit	maungo a a buduleng
scrape the carrots	obola digwete
slice the watermelon	segelela legapu
slice the beans	segelela dinawa
steam the pears	apaya dipieere

(*See:* Food and drinks)   (*Bona:* Dijo le dino)

Animals, insects/ Diphologolo, ditshenekegi

Birds/Dinonyana

chicken	koko
crow	legakabe
dove	lephoi/leeba
duck	pidipidi
eagle	ntsu
fowl	kgogo
guinea fowl	kgaka
hawk	nkgodi/mankgodi
hen	kgogo
ostrich	ntšhwe/ntlokwe
owl	morubisi
pigeon	leeba
rooster	mokoko
stork	mogobodi
swallow	peolwane/pheelwane
vulture	lenong

Miscellaneous/Tsele le tsele

crab	lekakauwe/mmankakarapa
eel	tlhapisekanoga
frog	segwagwa/segogwane
octopus	okotopase
pet animal	seotlwana
sardine	saradine
scorpion	phepheng
shark	šaka
spider	segokgo

Insects/Ditshenekegi

ant	tshoswane
bee	notshe
beetle	khukhwana
bug	khukhwana
butterfly	serurubele
centipede	sebokolodi
cockroach	lefele
earthworm	nogametsana
flea	letsetse
fly	ntsi
flying ant	kokobele
grasshopper	tsie
millipede	sebokolodi
mosquito	monang
moth	mmoto/leruru
tick	kgofa

Mammals/Diamusi/Dimmamale

ape	kgabo
baboon	tshwene
buffalo	nare
bushbuck	serolobotlhoko
bush pig	kolobe ya naga/mankge
calf	namane
cat	katse
cow	kgomo e namagadi
dog	ntšwa
donkey	tumuga/tonki
elephant	tlou
foal	petsana
giraffe	thutlwa
goat	podi
hippopotamus	kubu
horse	pitse
hyena	phiri-e-thamaga

jackal	phokojwe
lamb	konyana
leopard	nkwe
lion	tau
mole	serunya
monkey	kgabo
mouse	peba
mule	mmoulo
ox	pholo
pig	kolobe
porcupine	noko
rabbit	mmutla wa sekgoa
ram	phelefu
rat	legotlo
rhinoceros	tshukudu
rock-rabbit	makgotlho/pela
sheep	nku
springbuck	tshepe
warthog	mathinthinyane
whale	leruarua
wildebeest	kgokong

Lizards and reptiles/ Mekgatitswane le Digagabi

chameleon	lelobu/lobodu
crocodile	kwena
lizard	mokgatitswane
mamba	mokwepa
puff-adder	lebolobolo
python	tlhware
snake	noga
tortoise	khudu

Usage/Tiriso

a lion roars	tau e a rora
a dog barks	ntšwa e a bogola
a frog croaks	segwagwa se a lela
conservation	tshomarelo
Beware of the dog.	Tshaba ntšwa.
feed the fowls	fepa dikgogo
flock of sheep	letsomane la dinku
hens lay eggs	dikoko di beela mae
herd of cattle	motlhape wa dikgomo
milk the cows	gama dikgomo
shear the sheep	poma/beola dinku
slaughter the ox	tlhaba kgomo
spray the flies	tsamola dintsi
wild animal	phologolo ya naga/phologolo e e tlhaga
zoo	serapa sa diphologolo

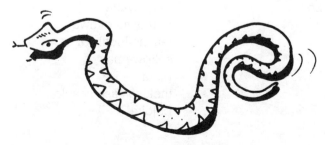

Shopping, money/
Go reka, madi/tšhelete

account	tshupatlotlo
advertisement	phasalatso/papatso
auction	fantisi
bank (for money)	banka
bargain	sesolo
bazaar	basara
building society	mokgatlho wa boagi
buy	reka
cafe	khefi
cash	tšhelete/madi
cash discount	phokoletsotuelo
cashier	kasiri
cent	sente
change (money)	tšhentšhi
cheap	tlhotlhwannye
cheque	tšheke
coin	ledi/papetlana
credit card	karata ya mojela
customer	botlathusong/modirisani
discount	phokotso/theoso
expensive	e e turang/tlhotlhwagodimo
handbag	kgwatlha/kgetsi ya lebogo
money	tšhelete/madi
offer (n)	kabelo
parcel	phasela/sephuthelwana
pocket money	madinyana
price	poreisi/tlhotlhwa
price list	lenanetlhotlhwa
purse	sekgwama
rand	ranta
sale	thekiso tlase/sesolo
save	boloka

self-service	itsholelo/itseelo
sell	rekisa
shopping bag	kgwatlha ya dithoto
store	setoro/bobolokelo
supermarket	lebenkele
till	seamogelelamadi/thile
trolley	kolotsana/teroli
voucher	ditshupo/boutšhara
wallet	sepatšhe/walete
win	fenya/tlhola
window shopping	go reka ka matlho

Usage/Tiriso

at no extra cost	kwa ntle ga koketso ya ditshenyegelo
bestseller	buka e e rekiwang thata
Buy now and save.	Reka gona jaanong o boloke madi.
cash on delivery	o duelwa ka nako e o tlisang diphatlho
cash with order	madi le thomelelo
charge my account	ntsha madi mo tshupatlotlong ya me
closing-down sale	thekisotlase ya bofelo
cost of living	tlhotlhwatshelo
deposit money	banka madi
entry form	foromo ya go tsenela (kgaisano)
free gift	mpho
free offer	neela/aba
inflation	enfoleišene
offer valid until ...	go tla neelwa/abiwa go fitlha ka ...
pay cash	tuelojaanong
pay the cashier	duela mokasiri
sale now on	go thekisotlase gona jaanong
save money	boloka madi/tšhelete
save ten percent	boloka diporosente di le lesome
shopping list	lenane la dilo tse di tlileng go rekiwa
six months guarantee	tshireletsego ya dikgwedi di le thataro

special offer	neelo/kabo e e kgethegileng
special treat	tsholo e e kgethegileng
spend money	dirisa madi/tšhelete
twenty percent discount	phokotso ya diporosente tse di masomamabedi
two for the price of one	di le pedi ka tlhotlhwa ya e le nngwe
What did you buy?	O rekile eng?
Why pay more?	Goreng o duela go feta?
withdraw money	ntsha madi
You pay less.	O duela go le gonnye.

Food and drinks/Dijo le dino

Foodstuffs/Dijewa

bacon	sepeke/beikhono
beef	nama ya kgomo
biscuit	bisikiti
brown bread	borotho bo bo rokwa/phifadu
butter	serethe
cheese	tšhise/kase
confectionary	dimonamone
cream	lebebe
curry	kheri
egg	lee
fat	mafura
fish and chips	tlhapi le ditapole
flour	bupi/folouru
hamburger	hambeka/kgadika ya senkgwe se se tsentsweng nama

honey	tswine ya dinotshe
jam	jeme
jelly	jeli
maize	mmopo/mmidi
margarine	majarine
mealie meal	bupi jwa mmidi/mmopo
mealie rice	milireise/gereise
meat	nama
meat-pie	kukunama
mincemeat	nama e sitsweng
mutton	nama ya nku
oil	oli
pepper	pherefere
polony	polone
pork	nama ya kolobe
porridge	bogobe/motogo
pudding	phuting
rice	reise
salt	letswai
samp	setampa
sandwich	borothopate
sausage	boroso
scrambled eggs	mae a a fuduilweng
sugar	sukiri
syrup	kgotlhaomone
toast	borotho bo bo kwamisitsweng
white bread	borotho bo bo sweu
wors	boroso

Drinks/Dino

alcohol	tagi/alekhoholo
beer	bojalwa/biri
brandy	boranti/boranabeine
butter-milk	mokaro/monteo
coffee	kofi
colddrink	senotsididi
fruit-drink	seno sa maungo
ginger beer	bojalwa jwa gemere
grape juice	matute a morara/diterebe
lemonade	namoneiti
milk	lebese/mašwi
milk-shake	seno sa mašwi
soup	sopo
sour-milk	mašwi a a themileng
tea	tee
water	metsi
wine	beine

Miscellaneous/Tsele le tsele

breakfast	phitlholo/sefitlholo
chop	kgotswana
dinner	tinara
gravy	moro
hungry	tshwerwe ke tlala
lunch	dijotshegare/lantšhe
menu	lenanedijo
recipe	theo ya kapeo/resepe
restaurant	resetšhuranta
salad	salata
sauce	sousu/moro
seafood	dijo tsa lewatle
snack	lemme
steak	nama ya kgomo
take away food	dijo tse o tsamayang ka tsona
waiter	moabadijo

Usage/Tiriso

add salt	tshela letswai/noka
a dinner party	moletlo wa tinara/dilalelo
Another helping?	A o sa ntse o batla gape?
appetite	keletso ya dijo
bacon and eggs	beikhono le mae/sepeke le mae
carve the meat	segelela nama
chew the food	tlhafuna dijo
clear the plates	tlosa dipoleite
diet	lenanenjo
dish up	tshola
eat slowly	e ja ka iketlo
enjoy the meal	itumelele dijo/e ja ga monate
excuse yourself from the table	kopa tshwarelo
hamburger and chips	hambeka le ditapole
I am hungry.	Ke tshwerwe ke tlala.
Lay the table.	Ala tafole./Teka tafole.
Let's say grace.	A re lebogeng (dijo)
overdone meat	nama e e buduleng thata
oxtail soup	sopo ya mogatla wa kgomo
pass the bread	fetisa borotho
place your order	reka
pour the wine	tshela beine
roast beef	besa nama ya kgomo
roast the potatoes	besa ditapole
serve the soup	tshola sopo
table manners	maitseo a mo tafoleng fa go jewa
tasty food	dijo tse di monate
The toast is burnt.	Borotho bo bo besitsweng bo šele.
Wipe your mouth.	Phumola molomo wa gago.
(*See:* The Greengrocer)	(*Bona:* Ramerogo)

Clothing/Diaparo

Garments/Diaparo

apron	khiba
blazer	boleisara
blouse	bolaose
bra	semmejana/bodi
costume	khosetšhumo/paka
dress	mosese
gown	kaono/jase ya go tsoga
jacket	baki
jeans	borokgwe
jersey	jeresi/jesi
mini-skirt	sekhete se se khutshwane
overall	obarolo
pants	borokgwe
petticoat	onoroko/mosese wa ka mo teng
pyjamas	dipejama
sari	sari
shirt	hempe
skirt	mmalethekana/mosese wa letheka
suit	sutu
tracksuit	terekesutu
trousers	borokgwe/borukhu
T-shirt	sekipa
underwear	seaparo sa ka fa teng
uniform	semphato/junifomo
vest	besete

Headgear/Serwalo

cap	mmese/kepisi
hat	hutshe/tlhoro
helmet	kokoro/helemete

Footwear/Ditlhako

boots	ditlhako/butu
sandals	ramphetšhane/mphetšhane
shoes	ditlhako
slippers	diselepere
socks	dikausu
stockings	dikausu
tackies	diteki

Mending/Baakanya

button	konopo/talama
cotton	tlhale
darn (v)	thiba/topa
needle	lemao
pin	kgokelo
safety-pin	kgokelo
scissors	sekere
sewing machine	motšhene wa go roka
tailor	mosegi

Miscellaneous/Tsele le tsele

belt	lebanta
coat-hanger	hengara
drip-dry	ga e gamolwe
dryclean	tlhwekisaoma
dry cleaner	motlhwekisioma
gloves	dihanesekune/ditlelafo
handkerchief	sakatuku/sebeko
knitting-wool	wulo ya go loga
material	lesela

peg (for clothes)	dipheke
raincoat	jase ya pula
size (bigness)	bogolo/saese
tie	thae
wedding dress	mosese wa lenyalo/lesira

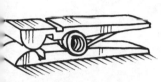

Usage/Tiriso

a broken zip	sipi e e robegileng
a long-sleeve shirt	hempe ya matsogo a matelele
a pretty pattern	sekaelo se sentle/paterone e ntle
Are you warm enough?	A o thutafetse?
Hang your coat on the hanger.	Kgwagetsa baki ya gago mo hengareng.
iron the skirt	sidila mmalethekana (mosese wa letheka)
knit a jersey	loga jeresi
mend my trousers	baakanya borokgwe ba me
My shirt is creased.	Hempe ya me e sosobane.
open-neck shirt	hempe ya molala o o bulegileng
out of fashion	ga e sa le mo fešeneng
polish your shoes	pholetšha ditlhako tsa gago
put on your coat	apara baki ya gago
put on your shoes	rwala ditlhako tsa gago
resole the shoes	baakanya ditlhako tsa gago
roll up your sleeves	mena matsogo a hempe ya gago
short-sleeve shirt	hempe ya matsogo a makhutshwane
take off your hat	rola hutshe ya gago
the latest fashion	fešene ya jaanong
wash the skirt	tlhatswa mmalethekana wa gago
wear your raincoat	apara jase ya gago ya pula
What size shoe do you wear?	O apara ditlhako tsa saese efe?

Place names/Maina a mafelo

Towns and cities/ Ditoropo le ditoropo tse dikgolo

Atteridgeville	Phelendaba
Bloemfontein	Mangaung
Braklaagte	Lekubu
Cape Town	Kapa
Coligny	Matlape
Durban	Thekong
Hartebeesfontein	Tigane
Johannesburg	Gauteng
Kimberley	Taemaneng
Klerksdorp	Matlosane
Kroonstad	Mookeng/Bodibakwena
Leeuwfontein	Mokgola/Mokakana
Lichtenburg	Ditsobotla
Machaviestad	Matlwang
Marico	Madikwena
Montshiwastadt	Montshiwa
Pietersburg	Polokwane
Potchefstroom	Tlokwe
Pretoria	Tshwane
Rietfontein	Letlhakane
Rustenburg	Tlhabane
Ventersdorp	Tshing
Vryburg	Huhudi
Witbank	Malatlheng
Zeerust	Sefatlhane

Provinces/Porofense

Cape Province	Porofense ya Kapa
Natal	Natala
Orange Free State	Foreisetata
Transvaal	Teransefala

National and Independent states, capital cities/ Dinaga tsa Setšhaba le tse di ipusang, ditoropo tse dikgolo

English/Seesimane	Setswana	Capital city/Mosate
Bophuthatswana	Bophuthatswana	Mmabatho
Ciskei	Ciskei	Bisho
Gazankulu	Gazankulu	Giyani
KaNgwane	KaNgwane	Kanyamazane
KwaNdebele	KwaNdebele	Siyabuswa
Lebowa	Lebowa	Lebowakgomo
KwaZulu	KwaZulu	Ulundi
Qwa Qwa	Qwaqwa	Phuthaditjhaba
Transkei	Transkei	Umtata
Venda	Venda	Thohoyandou

Continents and Countries/ Dikontinente le Dinaga

Angola	Ankola
Botswana	Botswana
England	Engelane
Europe	Yuropa
France	Fora
Japan	Japane
Lesotho	Lesotho
Malawi	Malawi
Middle East	Botlhabagare
Mozambique	Mosambiki
Namibia	Namibia
Republic of South Africa	Repaboliki ya Aferika Borwa
South America	Amerika Borwa
Swaziland	Swatsing
United States of America	Amerika
Germany	Jeremane
Zaire	Zaire
Zambia	Zambia
Zimbabwe	Zimbabwe

Oceans/Mawatle

Atlantic Ocean — Lewatle la Atlelanthike
Indian Ocean — Lewatle la Intia
Pacific Ocean — Lewatle la Phasifike

Rivers/Dinoka

Apies — Tshwane
Caledon — Mogokare
Elands — Kgetleng
Harts — Kobong
Hex — Matsukujane
Komati — Komati
Limpopo — Lempopo
Marico — Modikwe
Modder — Khaba
Mooi — Tlokweng
Orange — Noka e Ntsho/Lepelele
Pienaarsrivier — Moretele
Vaal — Lekwa/Noka e tshetlha

Mountains/Dithaba

Drakensberg — Terakenseberege
Magaliesberg — Dithaba tsa Mogale
Maluti — Maluti
Soutpans — Soutepane
Table Mountain — Thaba Tafole
Platberg — Motlhana wa pitse

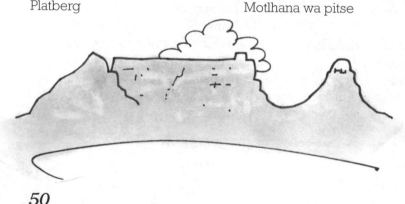

Geographical regions/
Dikgaolo tsa Thutafatshe

Boland	Lefatshegodimo
Bushmanland	Lefatshe la Basarwa
Bushveld	Naga ya dikgwa
Great Karoo	Kharoo yo mogolo
Griqualand	Lefatshe la Magirikwa
Highveld	Nagagodimo
Kalahari	Kgalagadi
Little Karoo	Kharoo yo monnye
Lowveld	Nagatlase
Namaqualand	Lefatshe la Namakwa
Natal Midlands	Dinagagare tsa Natala
Valley of a Thousand Hills	Mokgatsha wa dithaba tse di sekete
Wild Coast	Lebopo le le tlhaga
Witwatersrand	Lejweleputswa
Zululand	Lefatshe la ga Zulu

Tourist attractions/Kgogelo ya baeti

Beit Bridge	Beiti Boriji
Bakubung Game Reserve	Serapa sa diphologolo se se potlana sa Bakubung
Cango Caves	Magaga a Congo
Garden Route	Tsela Tshingwana
Kwa-Maritane Museum	Pontsho ya dilo tsa bogologolo ya Kwa-Maritane
Kruger National Park	Serapa sa diphologolo sa Keriele
Letlamoreng Cultural Centre	Lefelo la dilo tsa setso la Letlamoreng
Pilanesberg Game Reserve	Serapa sa diphologolo se se potlana sa Pilane

Transport/Dinamelwa/Thwalo

By Road/Ka Tsela

ambulance	emelense
bicycle	baesekele
bus	bese
car	mmotorokara/sejanaga
cart	kariki
donkey-car	koloi ya diesele
kombi	khombi
lorry	llori
motor-cycle	sethuthuthu
taxi	thekisi
tractor	terekere
truck	koloi
wagon	koloi

At sea/Kwa lewatleng

boat	seketswana
canoe	mokoro
oil-tanker	sekepe sa oli
ship	sekepe
submarine	sekepe sa tlasealewatle

By air/Ka lefaufau

aeroplane	sefofane
helicopter	helikopetara
jet	sefofane sa jete
rocket	rokete
satellite	satalete

Miscellaneous/Tsele le tsele

airport	botsuradifofi/boemadifofane
bus halt	boemabese
dining-saloon	bojelong
domestic flight	difofane tsa legae
harbour	boemakepe
international flight	phofo ya boditšhabatšhaba
itinerary	lenaane
luggage	dithoto
parking garage	lefelophakelo/bophakelo
pavement	tselanathoko ya dinao
platform	serala
railway station	seteišene
return ticket	thekethe ya go ya le go bowa
robot	roboto
single ticket	thekethe ya go ya fela
train	setimela
tunnel	kgogometso

Usage/Tiriso

a transport network	tsamaiso ya thwalo
book your ticket	beeletsa thekethe ya gago
carry the luggage	rwala dithoto
catch a bus	pagama bese
going on foot	tsamaya ka dinao
Have a safe journey.	Tsamaya sentle.
I walk to school.	Ke tsamaya ka dinao go ya sekolong.
on horseback	o pagame pitse
ride a bicycle	o pagame baesekele/gategate/setobetobe
The train arrived late.	Setimela se fitlhile thari.
travel by air	go tsamaya ka sefofane
travel by car	go tsamaya ka sejanaga
wait for the bus	emela bese

(*See:* Driving) (*Bona:* Kgweetsa)

Driving/Kgweetsa

The car/Mmotorokara/Sejanaga

automatic car	mmotorokara o o itirisang
battery	lelatlha
boot	butu
brake light	dipone tsa marema/tsa go borika
brake	rema/borika
dashboard	boroto ya disupetso
exhaust pipe	lekgwamosi/sentshamosi
fanbelt	lebanta la sefoki
fuel guage	sesupamafura
hand-brake	boriki jwa seatla
headlight	lebone
hooter	lenaka
indicator light	pontshi
jack	jeke/tomokeraga
manual car	mmotorokara/sejanaga sa diatla
number plate	papetlanomore/nomoropolata
park light	lobonephako
petrol tank	tanka ya mafura
rear-view mirror	seipone sa go bona kwa morago
reverse light	lebone la morago
seatbelt	lebanta la tshireletso
side mirror	seipone sa fa thoko
spare wheel	lekgwatlho
steering wheel	lebili la go kgweetsa
tail light	dipone tsa kwa morago
tyre	thaere
tyre pressure	kgatelelo mo thaereng
wheel	leotwana
windscreen	sesiraphefo
wiper	sephumodi

Miscellaneous/Tsele le tsele

accident	kotsi
barrier line	mola legora
beginning of dual road	tshimologo ya ditselapedi
blind spot	sebala
crash (n)	thula/Mothudi
crash helmet	helemete
danger sign	sesupakotsi/letshwao la kotsi
detour ahead	tsela e a fapoga
driver	mokgweetsi
driver's licence	lokwalo la bokgweetsi
end of detour	bokhutlo ba tsela e e fapogang
fatal injury	khutlegile la go swa
filling station	botshelapeterolo/seteišene sa peterolo
fine	tefiso
freeway	tsela e kgolo/e e bulegileng
hand signal	temosi ya seatla
hitch hike	go haeka
insurance	putlelelo
journey	leeto
keep left	tsamaya ka mo letsogong la molema
learner's licence	lokwalo kgweetsi la moithutwane
one-way road	tsela e e lebisitseng ntlheng e le nngwe
passenger	mopalami
petrol	peterolo
reckless driver	mokgweetsi yo o seng kelotlhoko
reduce speed	fokotsa lobelo
reverse (v)	boela morago
road	tsela/pata
road accident	kotsi ya tsela
road safety	ipabalelotseleng
roadmap	mmapa wa tsela
roadworthy	siametse tsela
rush hour	pharakano e e pitlaganeng
street	seterata/mmila
traffic circle	sediko sa pharakano
traffic jam	kgotlhagano ya pharakano

Road signs/Matshwao a tsela

no stopping	ga go engwe
no entry	ga go tsenwe
no parking	ga go phakiwe
stop	ema
yield	ema go se nene

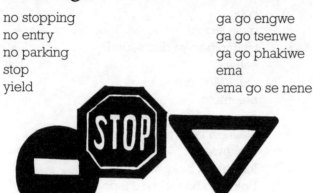

Usage/Tiriso

apply brakes	gata maremo/diboriki
a puncture	thaere e phunyegile
change the oil	fetola oli
change the tyre	fetola thaere
check the oil	netefatsa gore oli e teng
check the water	netefatsa gore metsi a teng
clean the windscreen	phimola lefensetere la fa pele
Don't drink and drive.	O se ke wa kgweetsa o nwa.
drive slowly	kgweetsa ka bonya
fasten the seatbelt	bofa lepanta
heavy traffic	pharakano e ntsi
I lost my way.	Ke latlhegile.
obey road signs	tshegetsa matshwao a tsela
repair a car	siamisa sejanaga
speed limit	tekanyetsolobelo
speed trap	serai sa lobelo
the brakes failed	maremo ga a dire
total wreck	thubego e e feletseng
turn left	thinyetsa molemeng/ntsogotlhong
turn right	thinyetsa mojeng

(*See:* Transport)   (*Bona:* Dinamelwa/Thwalo).

Sport, games, entertainment/ Metshameko, boithabiso, boitumediso

Outdoor games/Metshameko ya kwa ntle

athletics	atleletiki
bowls	dibaole
canoeing	motshameko wa diketswana
cricket	kerikete
golf	kolofo
hockey	kgwele
horseracing	mokato wa dipitse
horse jumping	tlolo ya dipitse
netball	bolotlowa/netebolo
rugby	rakabii
running	taboga
soccer	sokere/kgwele ya maoto
swimming (n)	go thuma
tennis	thenese

Indoor games/Metshameko ya ka mo ntlong

boxing	mabole
card games	metshameko ya dikarata
chess	tšhese
gymnastics	jiminasetiki/ikotlololo
karate	karate
wrestling	mokampano

Equipment/Didiriswa

ball	talama/bolo
bat	kolopo/sebetsa
boxing glove	ditlelafo tsa mabole
fishing-rod	kobitlhapi
goggles	sesiramatlho/tshiramatlho
golf-ball	bolo ya kolofo
golf club	tlelapa ya kolofo
hockey stick	thobane ya kgwele
jersey	jeresi/jesi
kitbag	moraba
knee guard	sesireletsa mangole
loud speaker	segodisantswe
oar	selabo
pistol	pisetolo/rakgookgoo
racket	rakete
rifle	tlhobolo
saddle	sale
shorts	mankopa
surfboard	boroto ya go thuma
whip	seme
whistle	nakana/phalana

Miscellaneous/Tsele le tsele

binoculars	diferekekere
blister	lesophi/lerophi
captain	kapotene/molaedi
champion	modipa/tshimega
coach	mokatisi
commentator	moanedi/mogasi
dressing room	boaparelo
first-aid	thuso ya potlako/ntlha

free kick	thagoesi
goal	dino
goalkeeper	motshwaradino
half-time	ikhutso/boikhutso
hero	mogale/mogaka
jackpot	jekepoto/mogora
linesman	ramola
off-side	kemophoso
opponent	mmakisani/moemakgatlhanong
pavilion	phabileone/bobogelo
referee	motsereganyi
reserve	rasefe
score (n)	sekoro/dino
scoreboard	patinosa/pati ya go nosa/kora
spectator	mmogedi
stadium	lepatlelo
time-keeper	ranako
trainer	mokatisi
training	katiso/thuto
trophy	sekgele
umpire	motsereganyi
warm-up exercises	diitshidilo tsa go ithutafatsa

Entertainment/Boitumediso

camping	bothibelelo
cinema	baesekopo
circus	sorokisi
fishing	tshwaro ya ditlhapi
game reserve	bosireletso ba diphologolo
horse-riding	pagamo ya dipitse
hunting	go tsoma
night club	tlelapa ya bosigo
picnicking	go ya pikiniking
sailing	go thala metsing
theatre	boarelo/teatere

Usage/Tiriso

a good player	motshameki yo o siameng
long jump	tlolo telele
break the record	go thuba rekhoto
book a seat	beeletsa bonno
catch the ball	tshwara talama
score a goal	nosa nno
Comrades marathon	Mmarathone wa Comrades
dribble the ball	kgadikanya/tiribola talama
exciting match	motshameko o o itumedisang
fair result	dipholo tse di itekanetseng
final whistle	phala ya bofelo
friendly match	motshameko wa botsalano
full of energy	go nna matlhagatlhaga
good catch	o e tshwere sentle
good sportsmanship	o na le botheri bo bontle
July handicap	Julae handikhepe (Mokato wa dipitse wa Phukwi)
loud applause	go tshela lošalaba
pass the ball	fetisa bolo
pitch a tent	go tlhoma tente
rough play	go tshameka makgwakgwa
sail a boat	go thala mo metsing
The ball bounces.	Talama e a teta .
the Olympic games	metshameko ya Olimpiki
the winning goal	noso e e fenyang/tlholang
win the race	go tlhola/fenya mo peisong/mokatong
win the toss	go tlhola/fenya thikgolo

Music/Mmino

Musical instruments/Diletswa

String instruments/Diletswa tsa kgole

banjo	banjo
electric guitar	katara ya motlakase
guitar	katara
harp	harepa
violin	bayolini

Keyboard instruments/Diletswa tsa khiiboto

organ	okene/kwadi
piano	piana
piano accordion	piana ya akhodione

Brass instruments/Diletswa tsa kgotlho

horn	lenaka
trombone	terombone
trumpet	phala

Miscellaneous/Tsele le tsele

band	orekese
choir	khwaere
concert	khonserata
disc-jockey	motshameka dipolata
double album	alebamo ya sebedi
drum	moropa
flute	fulutu
melody	molodi
orchestra	mminotetsa/okesetera
portable radio	radio e e akgiwang

record player   setshameka diraikoto/dipolata
tape recorder   segatisa lentswe
tonic solfa   solofa

Kinds of music/Mefuta ya mmino

classical music   mmino wa tlelasiki
country music   mmino wa magaeng
folk-song   pina ya setso
gospel music   mmino wa sedumedi
hymn   kopelo/sefela
jazz   jese
light music   mmino o o botlhofo
love song   pina ya lorato
national anthem   pina ya setšhaba
opera   opera
pop music   mmino wa phopo
waltz   mminotharo
wedding march   mmino wa lenyalo

Usage/Tiriso

a musical instrument   sediriswa sa mmino
a pop group   setlhopha sa phopo/popo
a song festival   moletlo wa mmino
choral singing   kopelo ya ditlhopha
hit parade   topothene/kgaisano ya tse di balolang

I enjoy music.   Ke rata mmino.
latest hit   tsa jaanong tse di balolang
live show   pontsho e e tshelang
long playing records   polatatelele
member of choir   tokololo ya khwaere
out of tune   e dule mo moloding/mo tšhunung
singing lessons   dithuto tsa dikopelo
The record is a hit.   Rekoto e, e a balola.
traditional songs   mmino wa setso

School/Sekolo

People at school/Batho ba ba kwa sekolong

day scholar	moithuti wa motshegare
head of department	tlhogo ya lefapha
head prefect	tlhogo ya barutwanabagolo
inspector	motlhatlhobi
prefect	morutwanamogolo
principal	mogokgo/tlhogo
pupil	morutwa
school committee	komiti ya sekolo
staff	badirammogo
teacher	morutabana
vice-principal	motlatsa mogokgo/tlhogo

Types of schools/Mefuta ya dikolo

boy's school	sekolo sa basimane
community school	sekolo sa loago sa morafe
creche	sekolopabalelo
girl's school	sekolo sa basetsana
higher primary school	sekolo sa poraemari e kgolo
high school	sekolo se segolo
lower primary school	sekolo sa poraemari ya tlase
night school	sekolo sa bosigo
nursery school	sekolo sa bananyana
pre-primary school	sekolo sa poraemari sa pele
primary school	sekolo sa poraemari
private school	sekolo sa boitlhomelo/poraefete
secondary school	sekolo se segolo
teacher training school	sekolo sa borutabana

Miscellaneous/Tsele le tsele

adult education	thuto ya bagolo
alphabet	alefebete
apparatus	oparata/sethusathuto
assembly	kgobokano/kokoano
bell	tshipi
chalk	tšhoko
chalkboard	tlapakwalelo/patintsho
classroom	tlelasekamore/phaposiborutelo
co-education	thutommogo
core syllabus	karolo e e botlhokwa ya lenanathuto
correspondence college	kholetšhe ya kwalelano
crayon	motakalela/kheraeyone
curriculum	thulaganyo ya morutwa/kharikhulamo
desk	banka/teseke
dictionary	bukantswe
double session	kopanasebedi
duster	setšhwimodi/sephimodi
Education Department	Lefapha la Thuto
examination	tlhatlhobo
examination-paper	pampiri ya tlhatlhobo
exercise book	buka ya thutiso
external examination	tlhatlhobo ya ntle
extramural activities	ditiro kwa ntle ga phaposiborutelo
final examination	tlhatlhobo ya bofelo/makgaolakgang
hobby	tiro ya maitiso
holiday	boikhutso
homework	tirolegae
ink	enke
laboratory	laboratori
language	puo
lesson	thuto
library	mabuka/laeborari
notice board	boroto ya kitsiso
pen	pene
pencil	petloloto/phensele
playground	patlelo (ya sekolo)/lebala

poem	leboko
punishment	kotlhao
register	rejisetara/bukaina ya tseno
report	pego/raporoto
rubber	rabara/tshoma
ruler	rulara
school badge	letshwao la sekolo
school uniform	semphato sa sekolo
staffroom	phaposi ya badirammogo
teaching aids	dithusathuto
term (school)	kwatara/kgweditharo
testimonial	kwalotshupo
textbook	bukakgakololo
university	yunibesiti
wall map	mmapa wa lobota/papetla ya lobota
write	kwala

School subjects/Dirutwa tsa sekolo

Accountancy	Palotlotlo
Afrikaans	Seaferikanse
Arithmetic	Thutapalo
Art	Bokgabisi
Biology	Thutatshelo
Bookkeeping	Palotlotlo
Chemistry	Khemisetire
English	Seesemane
General Science	Matlhale kakaretso/maranyane
Geography	Thutafatshe
Handicraft	Bodiri
Health Education	Thutaboitekanelo
History	Ditiragalo/Ditso
Mathematics	Matesisi
Music	Mmino

Physical Science	Matlhale o popego
Physics	Fisika
Religious Instruction	Thutabodumedi
Shorthand	Mokwalokopa
Typing	Motlanyo
Woodwork	Tiro ya dikgong

Usage/Tiriso

favourite book	buka e e rategang
interesting project	porojeke e e kgatlhang
correct answer	karabo e e nepagetseng
wrong answer	karabo e e fosagetseng
Open your books.	Bulang dibuka tsa lona.
learn the words	ithute mafoko
remember the facts	gakologelwa dintlha
study hard	ithute thata
Lend me your pen.	Nkadime pene.
Please repeat that word.	Tsweetswee, boeletsa lefoko lele.
Good morning, children.	Dumelang, bana.
Good morning, teacher.	Dumela, morutabana.
Go into the classroom.	Tsenang ka fa phaposingborutelo.
Please stand up.	Tsweetswee, emang.
Children, please sit down.	Tsweetswee, dulang fa fatshe bana.
play truant	go tshaba sekolo
Be quiet, please.	Didimalang, tsweetswee.
Listen carefully.	Reetsang sentle.
Speak up, please.	Tsweetswee, buela kwa godimo.
Talk softly.	Buela kwa tlase.
Do you speak Setswana?	A o bua Setswana?
The teacher is strict.	Morutabana o tlhoko.
I don't understand this work.	Ga ke utlwisise tiro e.
The bell rings for break.	Tshipi e lelela go khutsa.
My final year of school.	Ngwaga wa me wa bofelo kwa sekolong.
education in the mother tongue	Thuto ka puo ya ga mme

Professions, careers/ Boithuto, boiphediso

Management, administration and commerce/ Tsamaiso le papatso

bookseller	morekisadibuka
businessman	rakgwebo
clerk	tlelereke
florist	mmadithunya/radithunya
manager	molaodi
model	sekao
salesman	morekisi
secretary (of department)	ralefapha
Finance	Ditšhelete
accountant	mmalatlotlo
banker	rabanka
economist	raekonomi
insurance agent	moemedi wa enšorense
teller	thelara

Culture and entertainment/ Setso le boitumediso

actor	moetsi/modiragatsi
artist	sekgabisi
editor	morulaganyi
jockey	mopalami
journalist	mmegakgang
librarian	ramabuka
musician	rammino
photographer	motshwantshi
publisher	mophasalatsi
translator	mofetoledi

Professional and social/ Boithutelo/Porofešene le botsalano

dentist	rameno
lawyer	agente/mmueledi
lecturer	moruti/motlhatlheledi
matron	mmakokelo/materone
medical doctor	ngaka
minister of religion	moruti
nurse	mooki
priest	moperisita
teacher	morutabana

Services/Ditirelo

air hostess	motlhokomelabafofi
barber	mmeodi
carpenter	mmetli
chef	tšhefe
electrician	ramotlakase
hairdresser	mopomi
hawker	morekisi
motor mechanic	bomakheneke jwa mebotorokara
panel-beater	mokobolodi
pilot (of an aeroplane)	mofofane
reporter	mmegakgang
shop-assistant	morekisi
storekeeper	ralebenkele
travel agent	moemedi mojanala
waiter	moabadijo

Local and government services/ Ditirelo tsa selegae le tsa mmuso

fireman	ramolelo
porter	morwadisi/motshodisi
postman	ramakwalo
shunter	motšhantedi

station master	mong wa seteišene
stoker	mogotetsi
train/engine driver	mokgweetsa setimela
traffic officer	motlhankedi wa pharakano

Construction and environment/ Kago le tikologo

architect	ramaanokaqo/moagiteke
bricklayer	mmopedi/mmeselara
builder	moagi
estate agent	moemedi wa boswa
forester	radikgwa
plumber	radipeipi/polamara

Manufacturing and processing/ Dira/bopa le tirego

baker	ralebaka/ralebeikhara
butcher	raselaga
jeweller	radibenya
mine-worker	moepi/morafi
printer	segatise

Usage/Tiriso

a day off	letsatsi la boikhutso
be demoted	go theosiwa mo maemong
be employed	go thapiwa
be off duty	go ikhutsa
be on duty	go dira
casual labourer	modiredi wa nakwana
civil servant	modiredipuso
civil Service	tirelopuso
conditions of service	mabaka a khiro/thapo
draw a pension	go amogela madi a botsofi
deliver the post	go tsamaisa makwalo
hand in your resignation	go tlogela tiro

make good profit	go bona poelo e ntle
make good progress	go nna le tswelelopele
manual work	tiro ya diatla
monthly salary	tuelo ya kgwedi le kgwedi
necessary qualifications	borutegi bo bo tlhokegang
salary	tuelo
salary scale	sekala sa tuelo
sick leave	khunologo ya bolwetse
testimonial	kwalotshupo
to employ somebody	go thapa mongwe
to serve the public	go direla setšhaba
weekly wage	tuelo ya beke le beke
work half-day	go se dire letsatsi lotlhe
work like a slave	go dira jaaka lekgoba
work overtime	go dira tlolonako
I am looking for work.	Ke batla tiro.
What can you do?	O kgona go dira eng?
I can cook.	Ke kgona go apaya.
I can paint.	Ke kgona go penta.
I am willing to learn.	Ke ikemiseditse go ithuta.

The office/Kantoro/Ofisi

Personnel/Badirammogo

chairman	modulasetulo
colleague	modirammogo
customer	batlathusong/modirisani
director	mokaedi
employee	mothapiwa
employer	mothapi
manager	motsamaisi
managing director	motsamaisi mokaedi
messenger	morongwa
representative	moemedi
secretary/typist	mokwaledi/motlanyi
switchboard operator	modirisi wa borotokgomanyi/switšhiboto

Office equipment/Ditlamelo tsa Ofisi/Kantoro

calculator	sebalela
desk	teseke/banka
duplicator	sekopisi
dustbin	seolelatlakala
file	faele
filing cabinet	lekase la difaele
furniture	fenitšhara
photo-copying machine	motšhene wa go fothosetata/kopisa
stapler	sekgokela
stationery	dikwalelo/tsa go kwala
telephone	thelefone/mogala
typewriter	setlanyi

Miscellaneous/Tsela le tsela

agenda	lenanetema
bread-winner	motlamelalapa
cheque	tšheke
committee	komiti
company (business)	setlamo
complaint	ngongorego
contract	tlamano/konteraka
correspondence	kwalelano
diary	bukatsatsi/kwaloletlha/buka ya malatsi
document	lekwalo
envelope	enfelopo

expenses	tshenyegelo
fan	sefoki
interview	go tshwara ditherisano
invoice	lenanetheko
lunch-break	dijotshegare/lantšhe
meeting	phuthego/pitso
pension	phenšene
report	pego/raporoto
tea-break	nako ya tee
vacancy	phatlhatiro
warehouse	polokelo
workers' union	kopano ya badiri

Usage/Tiriso

arrive on time for work	go fitlha ka nako mo tirong
daily work	tiro ya ka metlha
five-day week	beke ya malatsi a matlhano
full-time job	tiro ya botlalo
leave with pay	boikhutso jo bo duelwang
letter of appointment	lekwalo la thapo
make an appointment	go bealana nako
minutes of meeting	metsotso ya kopano
odd jobs	ditiro tse di fa thoko
retire at sixty	go tlogela tiro fa o le dinyaga tse di masome thataro
strictly confidential	khupamarama
take an order	thusa ka thekotaetso
take stock	bala dithoto
to whom it may concern	go mongwe le mongwe yo o amegang
train the staff	katisa badiri
travel arrangements	di ipaakanyetso tsa loeto
up to date	feleletseng / lolameng
workday	letsatsi la tiro

Government/Mmuso

People and positions/Batho le maemo

ambassador — motseta/moemedi
Chief Minister — Tonakgolo
deputy minister — motlatsatona
head of state — tlhogo ya naga
King — Kgosi
member of parliament — tokololo ya palamente
minister (of state) — tona ya mmuso
Prime Minister — tonakgolo
State President — poresitente/tautona
the speaker — mmusakgotla/speaker
voter — mmouti

Institutions of government/Ditheo tsa mmuso

Cabinet — Kabinete
House of Assembly — Ntlo ya Kokoano
House of Delegates — Ntlo ya Barongwa
House of Representatives — Ntlo ya Baemedi
Independent States — Dinago tse di ikemetseng
Legislative Assembly — Palamente/Kokoanopeomolao
Ministers Council — Lekgotla la Ditona/Khansele ya Ditona
Parliament — palamente
political party — phati ya politiki/bobakapuso
President's Council — Lekgotla la Tautona
Self-governing territories — Dinaga tse di ipusang
tricameral Parliament — Palamente ya Basweu, MaIntia le Makhalate

Miscellaneous/Tsele le tsele

act of parliament	molao wa palamente
apartheid	molao wa kgethololo
bill of rights	tlhomamiso ya ditshwanelo tsa botho
budget	tekanyetso kabo
by-election	pele ga dikgetho/ditlhopho
coat of arms	sekano
constitution (of a country)	molaotheo
debate	kgang/kganetsano
general election	dikgetho kakaretso/ditlhopho kakaretso
general affairs	merero ya kakaretso
identity number	nomoro ya itshupo/nomoro ya pasa
important meeting	kopano ya botlhokwa
independence	boipuso
internal affairs	merero ya selegae
legislation	peomolao
misgovernment	pusompe
national anthem	pina ya setšhaba
national flag	folaga ya setšhaba
national state	naga ya setšhaba
official language	loleme lwa semmuso
one person one vote	bouto ya motho gangwe
passport	paseporoto/lokwalo lwa mosepele
power-sharing	go abelana puso
receiver of revenue	ralotseno
reference-book (personal)	bukanatshupetso/pasa
referendum	katlholamorafe/referentamo
republic	repaboliki
sanctions (n)	kiletso
tax	lekgetho
third world	Lefatshe la batho ba baleng kwa morago ka tlhabologo
Union Buildings	Meago ya Kopano

Judicial system/ Thulaganyo ya molao

Members of the court/Maloka a kgotla

accused	molatofadiwa
advocate	mmueledi/moatefokate
attorney	mmueledi/ramolao
attorney-general	ratshekiso
Chief Justice	moatlhodimogolo
interpreter	motoloki/motšhomolodi
judge	moatlhodi
jury	juri
magistrate	magiseterata
messenger of the court	morongwa wa kgotla
prisoner	setshwarwa/lepantiti
prosecutor	motšhotšhisi
warder	molebeledi
witness	paki/mosupi

Miscellaneous/Tsele le tsele

affidavit	pego e e ikanetsweng/afidafti
appeal court	lekgotla la boipiletso/boikuelo
bail	topololo
court	kgotla
criminal	sesenyi/sekebekwa
dock	sekhutlwana sa mosekiswa
fine	tefiso/tuediso
handcuff (v)	golega
judgement	katlholo
law	molao
legal advice	kgakololo ya semolao
murder	polao
parole	paroule
prison	kgolegelo

rape (n)	thulo/petelelo
robbery	bogodu
summons	tagafara
supreme court	kgotla ya makgaolakgang
verdict	katlholo

Usage/Tiriso

admission of guilt	go ipona molato
appeal against the sentence	go ikuelela kgatlhanong le katlholo
appear in court	go tlhaga kwa kgotla
break the law	go tlola molao
contempt of court	go se tlotle kgotla
cross-examine	botsolotsa
deny a charge	latola
escape from prison	go tshaba kwa kgolegong
false evidence	bosupi ba kako
found not guilty	ga a bonwa molato
found guilty	o bonwe molato
give evidence	go neela bosupi
guilty of murder	o bonwe molato wa polao
hard labour	go dira ka thata
law and order	molao le tolamo
lay down the law	go beya molao
letter of demand	lekwalotopo
life sentence	katlholelo botshelo jotlhe kgolegong
maintain law and order	go tshegetsa molao le tulamo
out on bail	go tswa ka topololo
pass the death sentence	go atlholela loso
pay a fine	go duela dikotlo
place under arrest	go tshwarwa
postpone the case	go busetsa kgetse kwa morago
sentenced for life	(o) atlholetswe botshelo jotlhe kwa kgolegong
suicide	boipolao

silence in court	tidimalo ka mo kgotla
take an oath	ikane
The case will continue.	Kgetse e tla tswelela.
to plead guilty	go ipona molato
to testify for	go neela bopaki

Church, Bible/Kereke, Beibele

Miscellaneous/Tsele le tsele

Almighty	Mothatiyotlhe
altar	aletare
angel	morongwa/moengele
Anglicans	Maenkilekhene
apostle	moaposetolo
ark	areka
baptism	kolobetso
Bishop	Bishopo
cathedral	kereke e e boitshegang
choir	khwaere/diopedi
Christian	Mokeresete
collection	koleko
confirmation	tlhomamiso
congregation	phuthego
Creator	Mmopi
deacon	motiakone
Dean	modini/tekane
Dutch Reformed Church	Kereke ya Datšhe
elder	mogolo
faith	tumelo
God	Modimo
heaven	legodimo
heathen	moheitene
Holy Communion	Selalelo
hymn	kopelo/sefela
hymn book	kopelo
Jesus	Jeso
lay preacher	moreri yo o sa katisiwang
Lord	Morena
Lord's supper	Selalelo sa Morena

Lutheran	Molutere
Methodists	Mamethodisete
Muslim	Momoseleme
New Testament	Tasetamente e Ntšhwa
nun	moitlami
Old Testament	Tasetamente ya Bogologolo
Our Father (the Lord's Prayer)	Thapelo ya Morena
parish	phuthego/sefala
pews	banka/setulu
prayer	thapelo
preacher	moreri
Presbyterians	Moporesebaetheriane
psalm	pesaleme
pulpit	borerelo
Roman Catholic	Kereke ya Roma
Satan	Sathane
Sunday School	Sekolo sa Sontaga
worship (v)	obamela
Zionists	Masione

The books of the Old Testament/ Dikwalo tsa kgolagano e kgolokgolo

Genesis	Genesise
Exodus	Ekesoda
Leviticus	Lefitiko
Numbers	Dipalo
Deuteronomy	Duteronome
Joshua	Joshua
Judges	Baatlhodi
Ruth	Rute
I Samuel	I Samuele
II Samuel	II Samuele
I Kings	I Dikgosi
II Kings	II Dikgosi
I Chronicles	I Ditirafalo
II Chronicles	II Ditirafalo

Ezra	Esere
Nehemiah	Nehemia
Esther	Esetere
Job	Jobe
Psalms	Dipesalema
Proverbs	Diane
Ecclesiastes	Moreri
The Song of Songs	Sefela sa Difela
Isaiah	Isaia
Jeremiah	Jeremia
Lamentations	Dikhutsafalo
Ezekiel	Esekiele
Daniel	Daniele
Hosea	Hosea
Joel	Joele
Amos	Amose
Obadiah	Abadia
Jonah	Jona
Micah	Mika
Nahum	Nahume
Habakkuk	Habakuke
Zephaniah	Sefania
Haggai	Hagai
Zechariah	Sakaria
Malachi	Malaki

The Books of the New Testament/ Dikwalo tsa Kgolagano e ntšhwa

Matthew	Mathaio
Mark	Mareko
Luke	Luke
John	Johane
Acts	Ditiro
Romans	Baroma
I Corinthians	I Bakorinta
II Corinthians	II Bakorinta

Galatians	Bagalatia
Ephesians	Baefesia
Philippians	Bafilipi
Colossians	Bakolosa
I Thessalonians	I Bathesalonia
II Thessalonians	II Bathesalonia
I Timothy	I Timotheo
II Timothy	II Timotheo
Titus	Titose
Philemon	Filemone
Hebrews	Bahebera
James	Jakobe
I Peter	I Petere
II Peter	II Petere
I John	I Johane
II John	II Johane
III John	III Johane
Jude	Jute
Revelation	Tshenolo

Usage/Tiriso

a passage from the Bible	temana go tswa mo Beibeleng
christen a baby	go kolobetsa ngwana
kneel before the altar	go obama mo aletareng
say grace	go neela tshegofatso
the books of the Bible	dikwalo tsa Beibele
the Day of Judgement	Letsatsi la katlholo
the Garden of Eden	Tshimo ya Edene
the Good Samaritan	MoSamaria yo o molemo
the Good Shepherd	Modisa yo o molemo
the Holy Trinity	Boraro ba Boitshepo
the last supper	selalelo sa bofelo
the promised land	lefatshe le le solofeditsweng
the Ten Commandments	Melao e e Lesome
the ten plagues	dikotlo tse di lesome

the word of God	lefoko la Modimo
to be confirmed	o tlile go tlhomamisiwa
to pray	go rapela
to take Holy Communion	go ja Selalelo
walk down the aisle	go tsamaya ka mo kerekeng (monyadi)
Which church do you belong to?	O tsena kereke efe?

Hospital/Sepetlele/Bookelo

Medical practitioners/Ngaka

doctor	ngaka
herbalist	mohebalisi
matron	mmakokelo/materone
nurse	mooki
sister (medical)	mooki
specialist	motseneledi
surgeon	ngaka ya karo
traditional healer	ngaka ya Setswana

Diagnosis/Tlhatlhobo

AIDS	eitsi
asthma	asema
blindness	bofofu
cancer	kankere
chest pain	ditlhabi tsa mafatlha
chicken-pox	thutlwa
cold (illness)	mofikela
cough (n)	kgotlholo
disease	botlhoko/bolwetse
earache	setlhabi sa tsebe
fever	letshoroma
flu	mokgotlhwane
hay-fever	mokgotlhwane
headache	opiwa ke tlhogo
heart-attack	bolwetse ba pelo
heartburn	lesokolela
high blood pressure	madi a magolo
labour pains	ditlhabi tsa pelego
measles	mmoko/mmokwana
mumps	makidiane/mauwe

pain	botlhoko/setlhabi
polio	pholio
pregnant	ima/imile
scar	lebadi
stomach ache	o tshwerwe ke mala
virus	megare

Dressings and treatment/ Go fapha le tlhokomelo

bandage (n)	sefapo
disinfectant	sebolayaditwatsi
injection	tlhabo
inoculate	enta/kenta
massage (v)	sidila
medicine	molemo/setlhare
operation	karo
pain-killer	sebolayaditlhabi
pill	pilisi
plaster	sefapo
plaster of Paris	samente
prescription	ditaelo
sticking plaster	semanego
vaccinate	enta

Miscellaneous/Tsele le tsele

ambulance	emelense
clinic	tleliniki
consult (doctor)	bona (ngaka)
illness	bolwetse
intensive care unit	phaposi ya tlhokomelo e e tseneletseng
medical aid	kalafo thuso
mortuary	ntlo ya baswi
out-patient	mookelwantle/baokelwantle
oxygen	okosijene
Red Cross	Sefapaano se sehibidu
waiting room	phaposiboletelo
ward	phaposikokelo

Usage/Tiriso

apply first aid	neela thuso ya pele
bad tooth	leino le le bodileng
call the doctor	bitsa ngaka
dose of medicine	o neelwa molemo
getting better	o nna botoka
go to the hospital	e ya kokelong
high temperature	o fisa thata
operating theatre	phaposipuelo/karo
painful operation	karo e e botlhoko
pale and weak	o bokoa
She fainted.	O idibetse.
sore throat	mogolo o o botlhoko
visit the patient	etela molwetsi
How are you feeling?	O ikutlwa jang?
I am not feeling well.	Ga ke ikutlwe sentle.
I am ill.	Ke a bobola / lwala.
I feel fine.	Ke ikutlwa sentle.
Are you sick?	A o a bobola / lwala?
I have a cold.	Ke tshwerwe ke mokgotlhwane.
I have tooth ache.	Ke opiwa ke leino.
Here are some tablets.	Dipilisi ke tse.
Swallow these tablets.	Metsa dipilisi tse.
The child is coughing.	Ngwana o a gotlhola.
The doctor prescribed medicine.	Ngaka e mo neetse melemo.
Take this medicine three times a day.	O nwe molemo o gararo ka letsatsi.
Where does it hurt?	Go botlhoko fa kae?
The doctor must examine you.	Ngaka e tshwanetse go go tlhatlhoba.
You will need an operation.	O tla tshwanela ke go arwa.
Are you pregnant?	A o mo mmeleng?/A o ithwele?/A o imile?
He died.	O sule./O tlhokafetse.
(*See:* The body)	(*Bona:* Mokgatlho/Mmele)

Funeral/Phitlho

bowed heads	ditlhogo tse di obegileng
cemetery	mabitla/diphupu
church service	tirelo ya kereke
coffin	lekese
corpse	setopo
cremation	go tshuma
flower	sethunya
funeral oration	mmino wa leso
grave	lebitla/phupu
hearse	koloi ya baswi
mourn (v)	lela
sorrow	kutlobotlhoko
tears	dikeledi
tombstone	letlapa la phupu/sefikantswe
undertaker	morulaganyetsa phitlho
wreath	kgare

Usage/Tiriso

English	Tiriso
a funeral policy	pholisi ya phitlho
a great loss	tatlhegelo e kgolo
a sad occasion	motlha o o sa itumediseng
a state funeral	phitlo ya semmuso
a tombstone of marble	sefikantswe sa mmabole
a tragic death	leso la kotsi
died peacefully	o tlhokofetse ka kagiso
dig a grave	epa phupu/lebitla
He has passed away.	O tlhokafetse./O iketse badimong./O sule.
in memoriam	mo segopotsong
killed in an accident	o bolailwe mo kotsing
lay someone to rest	go boloka motho
message of sympathy	matshediso
rest in peace	robala ka kagiso
sadly missed	re a mo tlhologela
We pay our last respects.	Re tlile go tshedisa.

Useful verbs/Madiri a a mosola

agree	dumelana
aim	maikaelelo
answer	karabo
ask	botsa
bake	apaya/baka
bark	bogola
beg	kopa
bite	loma
boil	bela
bring	tlisa
buy	reka
call	bitsa
carry	tshola/rwala
catch	tshwara
clean	phephafatsa
come	tla
cook	apaya
count	bala
cry	lela
cut	sega
dance	bina/tantsha
drink	nwa
eat	ja
enter	tsena
fetch	tsaya
give	fa/neela
go away	tsamaya
help	thusa
hit	itaya
hold	tshwara
kick	raga
let go	tlogela

listen	utlwelela/reetsa
look	leba
open	bula
pay	lefa/duela
play	tshameka
pour	tshela
pull	goga
put on	apara/rwala
read	buisa
remove	tlosa
rest	ikhutsa
return	boela
run	taboga/siana
see	bona
sell	rekisa
sew	roka
shut	tswala
sing	opela
sit	nna
stop	ema
sweep	feela
talk	bua
tell	bolela
turn back	retologela kwa morago
wait	leta/ema
wake up	tsoga
wash	tlhatswa
work	dira
write	kwala

Everyday expressions/ Puo ya ka metlha

Are you happy? — A o itumetse?
Are you very busy? — A o dira sengwe?
as soon as possible — ka bonako bo bo kgonegang
because — ka gonne
Come here. — E tla kwano.
Congratulations! — Ke a go lebogisa!
Do you hear? — A o a utlwa?
Do you understand? — A o a tlhaloganya?
Do your best. — Dira bojotlhe jwa gago.
Don't blame me. — O se ke wa mpega ka molato.
Don't forget. — O se ke wa lebala.
everywhere — gongwe le gongwe
everyone — mongwe le mongwe
Excuse me. — Intshwarele.
Follow me. — Ntshale morago.
Good heavens! — Ruri!
Have you been waiting long? — A ke bogologolo o ntetile?
Have you met ... — A o kile wa kopana le ...
He isn't here. — Ga a teng.
Help! — Thusa!
How are the children? — Bana ba tlhotse jang?
How many? — Tse kae?
How much is it? — Ke bokae?
I am in a hurry. — Ke itlhaganetse.
I am listening. — Ke reeditse.
I am reading. — Ke a buisa.
I am sorry. — Intshwarele.
I am speaking. — Ke a bua.
I appreciate it. — Ke a itumelela.
I beg your pardon. — O ne o reng.
I do not want anything. — Ga ke batle sepe.
I don't care. — Ga ke na sepe.

91

I don't know.	Ga ke itse.
I don't understand you.	Ga ke go tlhaloganye.
I feel sorry for him.	Ke mo utlwela botlhoko.
I must go now.	Ke tshwanetse go tsamaya jaanong.
in front of	fa pele ga
I cannot.	Nka se ke ka kgona.
I shall not keep you long.	Nka se go tshwarelele nako e telele.
I thank you.	Ke a go leboga.
I will show you.	Ke tla go supetsa.
I will tell him.	Ke tla mmolelela.
I wish.	Ke a eletsa.
I'll go and call him.	Ke tla ya go mmitsa.
It depends on him.	Go tla tswa mo go ena.
It is not my fault.	Ga se molato wa me.
It is time to go to bed.	Ke nako ya go ya go robala.
It's bad.	Go maswe.
Leave a message.	Tlogela molaetsa.
Let us go.	A re tsamaye.
long ago	bogologolo tala
Look out!	Tlhokomela.
many	bontsi
May I see you for a minute, please?	A nka go bona nakonyana e se kae?
Never!	le go ka!
Never mind.	Se tshwenyege.
no!	nnyaa!
no one	ga go ope
No, we have never met.	Nnyaa, ga re ise re kopane.
now	gona jaanong
only one	a le mongwe fela
please	tsweetswee
Please wait a moment.	Tsweetswee, ema go le gonnye.
Please wait for me.	Tsweetswee, nkemele.
Please answer the phone.	Tsweetswee, araba mogala.
I will show you.	Ke tla go supetsa.

English	Setswana
Please come here.	Tsweetswee, e tla kwano.
Send my regards.	O ba dumedise.
Sleep well.	O robale sentle.
sometimes	nakonngwe
Tell the truth.	Bua nnete.
Thank you.	Ke a leboga.
therefore	ka jalo
There is nothing wrong with me.	Ga go molato ope ka nna.
Truly!	Ka nnete tota!
Wait a bit.	Ema go le gonnye.
Wait for me.	Nkemele.
What are you doing?	O dira eng?
What can I do for you?	Nka go direla eng?
What did you say?	O rileng?
What do you see?	O bona eng?
What do you want?	O batla eng?
What does he say?	O reng?
What else?	A go sengwe gape?
What happened?	Go diragetse eng?
What is that?	Ke eng seo?
What is the matter?	Molato ke eng?
What is the matter with you?	Molato ke eng ka wena?
What is this?	Ke eng se?
What time is it?	Ke nako mang?
When?	Leng?
When do you start work?	O simolola tiro leng?
When will he be back?	O tla bowa leng?
Where?	Kae?
Where are you going to?	O ya kae?
Where do you work?	O dira kae?
Where is John?	John o kae?
Who?	Mang?
Who are you looking for?	O batla mang?
Who do you want?	O batla mang?
Who is this?	Ke mang yo?
Who is speaking?	Ke mang yo o buang?
Who said so?	Ke mang yo o rileng jalo?

Why?	Go reng?
Will you do me a favour?	A o ka nthusa?
With whom do you stay?	O dula le mang?
yes	ee
you	wena
You lie!	O bua maka!
You must not.	Ga o a tshwanela.
You must.	O tshwanetse.